Meinen Eltern

Christoph-Maria Liegener

Erbsünde und Erbschuld

Vom Ursprung unseres existenziellen Schuldbewusstseins

© 2015 Christoph-Maria Liegener

Autor: Christoph-Maria Liegener

Umschlagentwurf: Tredition-Verlag

Verlag: Tredition-Verlag

ISBN:
978-3-7323-4502-1 (Paperback)
978-3-7323-4503-8 (Hardcover)
978-3-7323-4504-5 (e-Book)

Inhalt

Vorwort 7

Einleitung 9

Die Erbsünde in der christlichen Tradition 10

Gibt es die Erbsünde in anderen Religionen? 22

Erbsünde als christlicher Mythos 27

Der Konsens mit Schopenhauer 30

Erbsünde und Sozialisation 32

Erbsünde und Evolution 34

Die Erlösungslehre der christlichen Kirchen 41

Was, wenn es die Erbsünde nicht gab? 45

Omnia vincit amor 48

Was ist zu tun? 51

Literaturverzeichnis 55

Vorwort

In meiner Kindheit wurde mir die Lehre von der Erbsünde beigebracht. Einiges störte mich daran. Zuallererst fand ich es nicht so schlimm, von einer verbotenen Frucht zu essen. Meine Eltern hatten mir Schlimmeres verziehen, warum sollte ein gnädiger Gott so viel Aufhebens davon machen? Dann, in einem weiteren Schritt, empörte sich mein Gerechtigkeitssinn darüber, dass ich Schuld tragen sollte für etwas, das ich nicht getan hatte.

Inzwischen habe ich gelernt, dass man durchaus zuweilen Verantwortung für etwas tragen muss, das man selbst nicht verursacht hat, für das man aber doch einstehen muss, weil man als die Person, die man ist, in eine bestimmte irdische Situation hineingeboren worden ist. Man kann Schuld erben.

An die Geschichte von Adam und Eva und der Schlange zu glauben, fällt heute vielen schwer. Überhaupt denken viele, dass diese alte Geschichte sie nichts mehr anginge. Dem widerspricht für gläubige Christen, dass die Erbschuld und die Erlösung davon im Zentrum ihres Glauben steht. Für alle jedoch, auch für die Nichtgläubigen, gilt, dass sich in den Begriffen von Erbsünde und Erbschuld archetypische Strukturen verstecken, die unser tägliches Leben beeinflussen. Tatsächlich verfolgt uns Menschen alle von Geburt an ein dunkel erspürtes Gefühl, eine existenzielle Schuld zu tragen. Es könnte sein, dass der Mythos von der Erbschuld Ausdruck dieser existenziellen Schuld ist.

Dann sollte es aber auch eine rationale Erklärung geben, die unserer Zeit angemessen ist. Diese wird in dem vorliegenden Büchlein, ausgehend von der Evolutionstheorie, entwickelt.

Christoph-Maria Liegener

Einleitung

Die Erbsünde ist die beim Sündenfall begangene erste Sünde der Menschen, von der gesagt wird, dass sie auf die gesamte Menschheit vererbt worden ist. In vielen Fällen wird, wenn von der Tat selbst die Rede ist, nicht zwischen Erbsünde und Sündenfall unterschieden werden müssen. Nimmt man die Erzählung vom Baum der Erkenntnis ernst, steht außer Frage, dass der Mensch durch den Sündenfall an Erkenntnis gewonnen hat, ja, dass durch ihn überhaupt erst das menschliche Selbstbewusstsein in vollem Maße erreicht wurde.

In Hegels Philosophie übertragen würde das heißen, dass durch den Sündenfall der Geist entstanden ist. Man könnte also sagen (Ringleben, 1976), S.64:

„Der den Sündenfall denkende (d.h. den Mythos vom Fall begreifende) Geist hat an ihm nicht einen möglichen, irgendwie vorgegebenen Gegenstand unter anderen, auf den er sich somit zunächst äußerlich bezöge, sondern er bezieht sich dabei auf eine spezifische Thematik: er begreift in ihm dasjenige, was sein Begreifen selber erst möglich gemacht hat."

Auf das Besondere!

Die Erbsünde in der christlichen Tradition

Die christliche Tradition stützt sich bei der Geschichte von der Erbsünde auf das erste Buch Mose, das zwischen 700 und 500 v.Chr. entstanden sein dürfte. Danach wird die Erbsünde durch Adam und Eva begangen. Sie werden von der Schlange mit der Versprechung „Ihr werdet sein wie Gott" verführt und essen entgegen Gottes Verbot vom Baum der Erkenntnis. Damit haben sie erstmals Schuld auf sich geladen. Die Folgen dieser Schuld äußern sich in der Vertreibung aus dem Paradies, damit der Trennung von Gott und damit wiederum einer Neigung zur Sünde. Die Schuld, die Adam und Eva auf sich geladen haben, wird, so die Lehre, an ihre Nachkommen vererbt, bis zum heutigen Tag. Sie wird daher Erbschuld genannt. Sie bedeutet den Verlust der heiligmachenden Gnade, d.h. jener inneren Verbundenheit mit Gott, die das ewige Leben ermöglicht. Erst durch Jesu Opfertod wird den Menschen die Erbschuld vergeben, als äußeres Merkmal dient die Taufe. So in etwa lautete das christliche Dogma. Heute wird es etwas gelockert, z.B. gilt seit 2007 in der katholischen Kirche, dass auch ungetaufte Kinder ins Paradies kommen können.

Die Lehre von Erbsünde und Erbschuld ist erst lange nach der Niederschrift der Bibel entstanden. Sie wurde im fünften Jahrhundert von Augustinus formuliert. Es mag amüsieren, dass dessen Motivation dabei ursprünglich aus einer ganz anderen Ecke kam (Studer, 1993; Sandler, 2011). Er hatte nicht erklären können, warum Gott schon vor der Geburt des Esau und des Jakob ersteren verworfen und letzteren begünstigt haben sollte (Römer 9, 10-13):

„Nicht allein aber ist's mit dem also, sondern auch, da Rebekka von dem einen, unserm Vater Isaak, schwanger ward: ehe die Kinder geboren waren und weder Gutes noch Böses getan hatten, auf dass der Vorsatz Gottes bestünde nach der Wahl, nicht aus Verdienst der Werke, sondern aus Gnade des Berufers, ward zu ihr gesagt: ‚Der Ältere soll dienstbar werden dem Jüngeren', wie denn geschrieben steht: ‚Jakob habe ich geliebt, aber Esau habe ich gehasst.'"

Augustinus kam zu dem Schluss, dass beide von Anfang an verworfen gewesen sein müssen. Gott hatte dann die Möglichkeit, den einen zu begnadigen und den anderen nicht. Bei der Zuteilung von Gnade greift kein Gerechtigkeitsprinzip. Man kennt das aus dem Gleichnis vom verlorenen Sohn oder aus Römer 9, 15:

„Denn zu Mose sagt er: Ich schenke Erbarmen, wem ich will, und erweise Gnade, wem ich will."

Das löste das Problem des Augustinus. Er musste nun nur noch die ursprüngliche Verworfenheit beider erklären. Diese Erklärung fand er in der Erbsünde, indem er die Verworfenheit auf die ganze Menschheit ausdehnte. Von da an fügte sich eins zum anderen.

Das Prinzip der Ersetzung von Gerechtigkeit durch schein-
bar willkürliche Gnade lässt ein gewisses Unverständnis zurück
(Paric, 2012) S.41:

„Damit nimmt der Gott der augustinischen Gnadenlehre ir-
rationale Züge an. Gott rettet bzw. verdammt, wen er will, und
dies noch vor der Geburt."

Der Gläubige kann indes darauf vertrauen, dass Gott weiß,
was er tut, auch wenn es dem Menschen zunächst nicht verständlich erscheint.

Für Augustinus blieb die Aufgabe, die Erblichkeit der
Schuld aus der Bibel zu belegen. Hinweise fand er im Römer-
brief des Apostels Paulus (Römer 5, 12)

„Διὰ τοῦτο ὥσπερ δι' ἑνὸς ἀνθρώπου ἡ ἁμαρτία εἰς τὸν κόσμον
εἰσῆλθεν καὶ διὰ τῆς ἁμαρτίας ὁ θάνατος, καὶ οὕτως εἰς πάντας
ἀνθρώπους ὁ θάνατος διῆλθεν, ἐφ' ᾧ πάντες ἥμαρτον·"

„Deshalb gilt: Wie durch einen einzigen Menschen die Sünde in die Welt gelangte und durch die Sünde der Tod, so gelangte auch der Tod zu allen Menschen, weil(?) alle sündigten."

Die Klausel „ἐφ' ᾧ" wurde in der Vulgata durch „in quo"
übersetzt, woraus im Deutschen „in ihm" wurde. Dadurch: „In

ihm (Adam) sündigten alle." Die einfachere Übersetzung von „ἐφ' ᾧ" durch „weil" wird heute allgemein verwendet.

Gestärkt wird jedoch die frühere Übersetzung durch 1. Korinther 15, 22:

„ὥσπερ γὰρ ἐν τῷ Ἀδὰμ πάντες ἀποθνῄσκουσιν, οὕτως καὶ ἐν τῷ Χριστῷ πάντες ζῳοποιηθήσονται."

„Gerade wie nämlich in Adam alle sterben, so werden auch in Christus alle lebendig gemacht werden."

Die Interpretation Augustinus' ging seinerzeit dahin, dass dadurch, dass alle Menschen „in Adam" gesündigt hätten, alle Menschen die daraus folgende Schuld trügen, eben die Erbschuld. Im zweiten Teil der Aussage wird bereits auf das Freikaufen von der Erbschuld durch das Opfer Jesu Christi.hingewiesen. Das ist eine sehr kompakte, man kann fast sagen, versteckt Aussage. Überhaupt muss festgestellt werden (Husarov, 2003):

„Der Apostel Paulus hat keine systematisch durchdachte Darstellung seiner Theologie hinterlassen. Seine Theologie liegt immer nur in der schwer zu fassenden Form des Briefes vor. Deswegen hat man keinen unmittelbaren Zugang zur paulinischen Theologie und kann sie nur ‚stückweise' erkennen."

Augustinus arbeitete die Theorie systematisch aus und setzte sich dabei gegen die anderslautenden Meinungen von Pelagius und Justinianus von Eclanum durch, die den Menschen als von Natur aus gut ansahen und den freien Willen betonten, der es dem Menschen jederzeit und auch immer noch ermögliche, aus eigenen Stücken der Versuchung zur Sünde zu widerstehen. Die freie Willensentscheidung und die Möglichkeit, der Sünde zu entgehen, werden bis heute in Frage gestellt (Quitterer, 2009). Augustinus' Lehre wurde im Konzil von Trient (1545-1563) nochmals ausgearbeitet und bestätigt.

Der Autor Augustinus räumt allerdings selbst ein, dass seine Lehre von der Erbsünde schwer verständlich sei (Augustinus, 388):

„Sed inter omnia quae in hac vita possidentur, corpus homini gravissimum vinculum est, iustissimis Dei legibus, propter antiquum peccatum, quo nihil est ad praedicandum notius, nihil ad intellegendum secretius."

„Aber unter allem, was in diesem Leben besessen wird, ist der Körper des Menschen die schwerwiegendste Fessel, dies durch die sehr gerechten Gesetze Gottes, wegen der Erbsünde, die berüchtigter unter den Predigern ist als alles andere, sich mehr dem Verständnis verschließt als alles andere."

Zudem ist es merkwürdig, dass ein so grundlegendes Dogma erst so spät ausgeformt wurde. Man versuchte, frühere Quellen zu finden. In 4. Esra 7, 118 heißt es:

„Ach Adam, was hast du getan! Als du sündigtest, kam dein Fall nicht nur auf dich, sondern auch auf uns, deine Nachkommen!"

Klar ein Hinweis auf die Erblichkeit des Sündenfalls. In Psalm 51, 7 wird die angeborene Sündhaftigkeit des Menschen erwähnt:

„Siehe, ich bin als Sünder geboren, und meine Mutter hat mich in Sünden empfangen."

Die angeborene Sündhaftigkeit kann als Folge des Sündenfalls angesehen werden. Aber um die Folgen des Sündenfalls geht es nicht in der christlichen Lehre. Sie werden durch Jesu Opfertod nicht beseitigt. Die Sündhaftigkeit ist nicht mit der eigentlichen Erbschuld gleichzusetzen. Diese ist abstrakter, auf den Verlust des ewigen Lebens bezogen, und nur um sie geht es ursprünglich bei Jesu Opfertod. Von dieser Schuld ist aber im obigen Ausspruch nicht die Rede.

Ein weiterer Hinweis kann in Jeremia 31, 34 gefunden werden. Hier wird von der Vergebung einer(!) Sünde gesprochen:

„Denn ich werde ihre Missetat vergeben und ihrer Sünde nicht mehr gedenken."

Es ist dies ein Bestandteil des Neuen Bundes und die „eine" Sünde kann wohl tatsächlich als die Erbsünde interpretiert werden. Das kann man als eine Ankündigung der Befreiung von der Erbsünde verstehen. Merkwürdig ist jedoch, dass in diesem Kontext offenbar nur die Vergebung Gottes nötig ist.

Die gängige Lehre ist, dass die Erbschuld den Grund für den Opfertod Jesu darstellt. Dies steht im Zentrum des christlichen Glaubens, und es verwundert, dass Jesus selbst diesen Grund nicht viel deutlicher erwähnt haben soll. Es gibt Worte, die in die Richtung gehen, aber erst interpretiert werden müssen (Lukas 24, 45-47):

„Da öffnete er ihnen das Verständnis, damit sie die Schriften verstanden, und sprach zu ihnen: So steht es geschrieben, und so musste der Christus leiden und am dritten Tag aus den Toten auferstehen, und in seinem Namen soll Buße und Vergebung der Sünden verkündigt werden unter allen Heidenvölkern."

Ich werde auf diese entscheidenden Worte noch zurückkommen.

Man kann sagen, dass es zwar gewisse Hinweise auf die Erbschuld in der Bibel gibt, man sie aber schon mit der Lupe suchen muss. Bei einem so wichtigen Thema hätte man wohl eine exponiertere Darstellung erwarten können. Auch wird der Begriff „Erbsünde" überhaupt nicht verwendet und die Hinweise sind mehr oder wenige indirekt. Schmitz-Moormann schreibt dazu (Schmitz-Moormann, 1969):

„In den Evangelien findet sich, darüber herrscht wohl weit-gehend Einigkeit unter den Exegeten, kein direkter Hinweis auf die Erbsünde."

Das ist erstaunlich und weckt Zweifel. Tatsächlich gab es immer wieder Kritik an den Begriffen der Erbsünde und Erb-schuld.

Eine grundlegender Widerspruch in der Sündenfallgeschich-te wurde hierin gesehen: Die ersten Menschen konnten bei der Erbsünde gar nicht sündigen, da sie Gut und Böse zu diesem Zeitpunkt noch nicht unterscheiden konnte. Im wissenschaftli-chen Bibelportal der Deutschen Bibelgesellschaft (Willmes, 2008) heißt es:

„Umstritten ist auch, ob man die Übertretung des Verbots durch Eva und Adam als Sünde bewerten darf, da ihnen vor dem Verstoß noch nicht die umfassendere Erkenntnis von Gut und Schlecht zur Verfügung stand."

An gleicher Stelle wird eine hypothetische Erklärung für die Wichtigkeit der Geschichte von der Erbsünde gegeben:

„Insofern ist Gen 2f auch eine Theodizee-Geschichte, weil Gott durch sie davon freigesprochen wird, das Leid und die Mühsal, das Menschen erfahren, von Anfang an für sie vorge-sehen zu haben."

Die Schuld für die Unvollkommenheit der Schöpfung soll dem Geschöpf zugeschoben werden. Das könnte, wenn es sich um einen Mythos handeln sollte, eine Motivation für dessen Bildung gewesen sein.

In der heutigen Kirche wird die Erbsünde als die Verstrickung des Menschen in seine irdische Situation gesehen. Ratzinger, der spätere Papst Benedikt XVI, schreibt dazu (Ratzinger, 1968):

„Der Sitz der Erbsünde ist eben in diesem kollektiven Netz zu suchen, das als geistige Vorgegebenheit der einzelnen Existenz vorausgeht, nicht in irgendeiner biologischen Vererbung zwischen lauter sonst völlig getrennten einzelnen. Von ihr zu reden besagt eben dies, dass kein Mensch mehr am Punkt Null, von der Geschichte völlig unversehrt, anfangen kann. Keiner steht in jenem unversehrten Anfangszustand in dem er nur frei sich auszuwirken und sein Gutes zu entwerfen brauchte; jeder lebt in einer Verstrickung, die ein Teil seiner Existenz selber ist."

Als Papst wurde Ratzinger noch konkreter und gleichzeitig geheimnisvoller (Benedikt XVI, 2008):

„Das Böse stammt nicht aus der Quelle des Seins selbst, es ist nicht gleichursprünglich. Das Böse stammt aus einer geschaffenen Freiheit, aus einer missbrauchten Freiheit.

Wie war das möglich, wie ist das geschehen? Das bleibt im Dunkeln. Das Böse ist nicht logisch. Allein Gott und das Gute sind logisch, sind Licht. Das Böse bleibt geheimnisvoll. Es wird in großen Bildern dargestellt, wie es das 3. Kapitel des Buches Genesis mit jener Vision von den zwei Bäumen, von der Schlange, vom Menschen, der zum Sünder wird, tut. Ein großartiges Bild, das uns rätseln lässt, aber das, was in sich unlogisch ist, nicht zu erklären vermag. Wir können es rätselnd ahnen, aber nicht erklären; und wir können es auch nicht wie eine Tatsache unter anderen erzählen, weil es sich um eine tiefere Wirklichkeit handelt. Es bleibt ein Geheimnis der Dunkelheit, der Nacht. Aber da kommt sogleich ein Geheimnis des Lichts hinzu. Das Böse kommt aus einer untergeordneten Quelle. Gott ist stärker mit seinem Licht. Und deshalb kann das Böse überwunden werden. Deshalb ist das Geschöpf, der Mensch heilbar."

Worte, die in ihrer Offenheit entwaffnend sind. Welch ein Wandel hat in der Kirche stattgefunden! Offenbar ist die katholische Kirche dazu übergegangen, die Erzählung vom Sündenfall als großartiges, aber rätselhaftes Bild anzusehen, das nicht wörtlich genommen werden muss und nicht ganz erklärt werden kann.

Diese Sichtweise ist inzwischen nicht mehr ungewöhnlich. Es wird oft dazu übergegangen, weniger die Erbschuld selbst zu betrachten als ihre Folgen wie die Neigung zur Sünde (Kraus, 2001):

„Die wissenschaftlich überholte Vorstellung, dass am Anfang ein einziges historisches Urpaar stand, das durch geschlechtliche Zeugung die Ursünde weitervererbt hat, braucht man für das Verständnis der Sündenverfallenheit nicht mehr. […]

Der Begriff der Sündenverfallenheit bewahrt durch Integration, durch Einschließung, die zentralen Inhalte des Erbsündenbegriffs. Die Sündenverfallenheit schließt sowohl die Radikalität der Sünde als auch die Universalität der Sünde mit ein. Sie integriert die im Herzen der Menschen wirkende Neigung zum Bösen, die Anfälligkeit aller Menschen für das Böse und das Versagen aller Menschen gegenüber dem Bösen. Die Sündenverfallenheit ist ein innerer Wesenszug jedes Menschen. So gehört sie von Geburt an zu allen Menschen. Da sie in diesem Sinn im Erbe aller Menschen liegt, lässt sich formulieren: Die Sündenverfallenheit ist eine Erbneigung zum Bösen, eine Erbschwäche für das Böse und ein Erbversagen gegenüber dem Bösen."

Die oben zitierten Worte Papst Benedikts des XVI. erwecken bei mir den Eindruck, dass man die Erbschuld mit dem Bösen im Herzen des Menschen identifizieren könne. Die „Erbsünde" wäre nur der hypothetische und nicht näher erklärbate Ausgangspunkt des Bösen im Menschen. Gab es sie überhaupt? Auf diese Frage würde ich gern später noch zurückkommen. Jedenfalls neigt sich die moderne Auffassung mehr der Einstellung zu, dass im Neuen Testament Sünde nur konkretes, verantwortliches Verhalten sei (Baumann, 1970), S.280:

„Man kann also nicht das Schicksal des Menschen [...] ihm selbst auf das Schuldkonto setzen. Man kann ihn nicht zwingen, sich schon für sein bloßes Dasein zu schämen und zu entschuldigen, ohne das Christentum zu einer Brutstätte für an Skrupeln und Minderwertigkeitsgefühlen dahinsiechenden Psychopaten zu machen. Das biblische Sündenbewusstsein trägt keine solchen krankhaften Züge. Es bedeutet vielmehr

Überwindung antiker Tragik und Schicksalsverfallenheit. […]
Dennoch konnte dieses düstere Ohnmachtsgefühl noch die
‚Erbsündenlehre' Augustins beeinflussen. Im Neuen Testament
gibt es keine tragische und keine magische Sünde, kein göttliches Tabu. Sünde ist ihrer Art nach weder etwas abstrakt-allgemeines, noch ein metaphysischer Vorgang, sie ist weder
vor- oder überpersonal noch ein Zustand, sondern konkretes,
verantwortliches Verhalten."

Es hat sich einiges in der Kirche bewegt, was die Lehre von
Erbsünde und Erbschuld betrifft.

Gibt es die Erbsünde in anderen Religionen?

Man könnte Sündenfall und Erbsünde für archetypische, im kollektiven Unterbewusstsein wurzelnde Motive halten. Dem steht zunächst entgegen, dass die Geschichte vom Sündenfall nicht derartig über alle Religionen verbreitet ist wie z.B. die von der Sintflut. Im Gilgamesch-Epos taucht er nicht auf, im Gegensatz zur Sintflut.

In der griechischen Götter- und Sagenwelt gibt es eine Parallele beim Prometheus-Mythos. In beiden Fällen geht es um die Hybris: Adam und Eva folgten der Versprechung, durch das Essen der verbotenen Frucht würden sie werden wie Gott, die Strafe war die Vertreibung aus dem Paradies. Prometheus lehnte sich gegen Zeus auf, gab gegen dessen Verbot den von ihm geschaffenen Menschen das Feuer, zur Strafe schickte Zeus durch Pandora das Übel in die Welt. Im Unterschied zum Sündenfall wurde jedoch in letzterem Fall der Akt der Hybris von Prometheus begangen, nicht von den Menschen selbst, die aber darunter zu leiden hatten.

Eliade (Eliade, 1961) sieht eine Analogie zum Sündenfallmythos in Mythen, in denen die Trennung von Himmel und Erde beschrieben wird, zum Teil durch Akte der Sünde wie die Kastration des Uranos. Dieser Mythos und ähnliche sprechen von einem paradiesischen Urzustand der Welt, der auf irgendeine Weise verlorengegangen ist. Die Gründe für den Verlust variieren von Fall zu Fall. Das Thema entspricht damit der Episode von der Vertreibung aus dem Paradies. Erklärt wird dadurch die Unvollkommenheit der jetzigen Welt.

In der altbabylonischen Kultur entstand ungefähr zwischen 2000 und 1600 v.Chr. ein der Geschichte von der Erbsünde verwandter Mythos (Müller, 1984). Ein Mann namens Adapa vergibt darin die Chance auf Unsterblichkeit, weil er ihm angebotene Speisen aus Misstrauen nicht(!) annimmt. Die Speisen hätten ihm die Unsterblichkeit gebracht. Damit hatte er eigentlich nicht gesündigt. Aber auch hier betrifft die vergebene Chance alle seine Nachkommen, die ganze Menschheit, die ohne sein Versagen unsterblich geworden wäre. Ähnlichkeiten zur Geschichte von der Erbsünde sind vorhanden, allerdings möglicherweise nicht zufällig. Die Nähe der babylonischen und der israelitischen Kulturen lässt vermuten, dass sie sich beeinflusst haben könnten. Auch die Namensähnlichkeit Adapa-Adam legt das nahe. Wir könnten es hier sogar mit einem Vorläufer unserer Geschichte vom Sündenfall zu tun haben.

Die Erblichkeit von Schuld taucht ebenfalls öfter auf. Man kann sie z.B. im römischen Stadtgründungsmythos wiederfinden (Gladigow, 2003), wie schon von Krämer bemerkt (Krämer, 1965):

„Die Sage von Romulus und Remus wird hier zum Geschichtsmythos, der durchaus religiöse Züge trägt und mit dem Gedanken der Erbschuld verwandten religiösen Mythen zur Seite gestellt werden kann."

Bekanntlich beginnt die Gründung Roms mit dem Bruder-
mord des Romulus an Remus. Diese Gewalttat wird später von
vielen Römern als Ursache für die dauernden kriegerischen
Auseinandersetzungen in der Geschichte Roms genannt.

Eine der Erbschuld in gewisser Weise verwandte Art der
Schuldübertragung kennen Hinduismus und Buddhismus. Bei
der Reinkarnation wird Schuld als Karma auf die neue Existenz
übertragen. Man übernimmt also Schuld, allerdings nicht von
den ersten Menschen, sondern von eigenen früheren Inkarnati-
onen.

Man findet demnach in anderen Religionen Parallelen zur
Geschichte von der Erbsünde, die sich aber in wesentlichen
Einzelheiten von ihr unterscheiden. Die Geschichte, wie wir sie
kennen, scheint charakteristisch für die jüdisch-christliche und
islamische Tradition zu sein. Die komplette Geschichte von
Erbsünde und Erlösung davon gehört jedoch nur zur christlichen Tradition. In der jüdischen Religion bleibt es bei der Vertreibung aus dem Paradies und der Sterblichkeit der Menschen.
Erst durch Gottes Endgericht wird das für die, die würdig sind,
korrigiert werden. Insofern sind die Folgen des Sündenfalls für
die Menschheit zwar weitergegeben worden, insbesondere die
Neigung zur Sünde und die Sterblichkeit, aber von einer Erbschuld ist nicht die Rede. Es ist allerdings nicht unumstritten,
ob die Erbschuld im Alten Testament angedeutet ist (Scharbert,
1968), dazu auch Weger (Weger, 1970). Jedenfalls ist im Juden-
tum keine Erlösung davon notwendig. In der orthodoxen Kirche werden nur die Folgen des Sündenfalls vererbt, nicht aber
die Schuld. Im Islam wird der Sündenfall von Allah verziehen,
ohne dass ein Opferritual wie im Christentum notwendig wäre,
Sünden können nicht vererbt werden.

Das Motiv der Erbschuld scheint nicht zum allgemein-menschlichen Erbe zu gehören, obwohl mit ihm Archetypen wie der Baum oder die Schlange verbunden sind. Dennoch gibt es Anzeichen, dass es im kollektiven Unterbewusstsein der abendländischen Kultur verwurzelt ist. Ein Beispiel: Franz Kafka wuchs in einer jüdischen Familie auf, er wird in seiner religiösen Erziehung nicht mit der Erbschuld indoktriniert worden sein. Trotzdem scheint in seinem Werk etwas von einer existenziellen Urschuld durch, vergleichbar der Erbschuld (Kwon, 2006), S.210:

„Ein wichtiges Thema sowohl im biblischen Sündenfallmythos als auch in Kafkas Werken ist sicherlich das Schuldproblem. Die Schuld wird von Kafka als existenzielle Urschuld aufgefasst. Für ihn besteht die Schuld des Menschen ohne Zweifel und ist unentrinnbar, solange er in der Welt existiert. Hier überschneidet sich der Schuldbegriff Kafkas mit der Vorstellung von der Erbsünde im Alten Testament. Obwohl Kafkas Helden wie Josef K. von ihrer vermeintlichen Unschuld […] überzeugt sind […], während die Nemesis sie ereilt, ist Kafka fest überzeugt von unserem gegenwärtigen sündhaften Stand […]."

Das Motiv der Erbschuld, das Kafka so stark beeinflusst hat, muss in seinem Unterbewusstsein geschlummert haben, nicht als religiöses weitergegeben, sondern als Kulturgut des christlichen Abendlandes.

Die Einschränkung auf das Christentum ist umso erstaunlicher, als das Phänomen des existenziellen Schuldbewusstseins ein allgemein menschliches ist. Heidegger beobachtete Ähnliches (Heidegger, 1927):

„Das Schuldigsein resultiert nicht erst aus einer Verschuldung, sondern umgekehrt: diese wird erst möglich 'auf Grund' eines ursprünglichen Schuldigseins."

Es bleibt die Frage, warum ausgerechnet in der Westkirche der Glaube an die Erbsünde entstand und blühte. Man kann historische Gründe dafür finden (Boyce, 2014):

„But why was it only in the West that emperors and popes would proclaim that human beings were born bad and guilty, and thus subject to the just condemnation of God? It is unlikely to be a coincidence that this gloomiest of perspectives on human nature received official backing in the increasingly chaotic Western empire of the early fifth century, even as a more optimistic analysis persisted in the comparatively secure East. Perhaps it was only in the context of a crumbling state that the need to assert ecclesiastical authority over sinful human beings became pressing."

Zumindest tragen die Motive von Erbsünde und Erbschuld archetypische Züge für die Menschen, die im christlichen Abendland, in der Westkirche aufgewachsen sind. Uns, die wir hier leben, geht das Thema damit an, egal, ob wir gläubig sind oder nicht.

Erbsünde als christlicher Mythos

Es gibt die Möglichkeit, die Geschichte von der Erbsünde wörtlich zu nehmen, was manche Christen immer noch tun. In diesem Fall gäbe es nichts zu interpretieren. Viele sehen aber in dieser wie auch in anderen christlichen Überlieferungen eine Mischung aus Tatsachenberichten und Mythen. In letzterem Fall erhebt sich die Frage, was uns der Mythos von der Erbsünde sagen soll.

Freud interpretierte den Mythos als die Überlieferung von einem angeblich tatsächlich vorgefallenen Mord am Vater der Urhorde, woraus durch Schuldbewusstsein die Moral entstanden sei (Freud, 1912).

„Im christlichen Mythos ist die Erbsünde des Menschen unzweifelhaft eine Versündigung gegen Gottvater. Wenn nun Christus die Menschen von dem Drucke der Erbsünde erlöst, indem er sein eigenes Leben opfert, so zwingt er uns zu dem Schlusse, dass die Sünde eine Mordtat war. Nach dem im menschlichen Fühlen tiefgewurzelten Gesetz des Talion kann ein Mord nur durch die Opferung eines anderen Lebens gesühnt werden; die Selbstaufopferung weist auf eine Blutschuld zurück. Und wenn dies Opfer des eigenen Lebens die Versöhnung mit Gottvater herbeiführt, so kann das zu sühnende Verbrechen kein anderes als der Mord am Vater gewesen sein.

So bekennt sich denn in der christlichen Lehre die Menschheit am unverhülltesten zu der schuldvollen Tat der Urzeit, weil sie nun im Opfertod des einen Sohnes die ausgiebigste Sühne für sie gefunden hat. Die Versöhnung mit dem Vater ist umso gründlicher, weil gleichzeitig mit diesem Opfer der volle Verzicht auf das Weib erfolgt, um dessen willen man sich gegen den Vater empört hatte. Aber nun fordert auch das psychologische Verhängnis der Ambivalenz seine Rechte. Mit der gleichen Tat, welche dem Vater die größtmögliche Sühne bietet, erreicht auch der Sohn das Ziel seiner Wünsche gegen den Vater. Er wird selbst zum Gott neben, eigentlich an Stelle des Vaters. Die Sohnesreligion löst die Vaterreligion ab. Zum Zeichen dieser Ersetzung wird die alte Totemmahlzeit als Kommunion wieder belebt, in welcher nun die Brüderschar vom Fleisch und Blut des Sohnes, nicht mehr des Vaters, genießt, sich durch diesen Genuss heiligt und mit ihm identifiziert. Unser Blick verfolgt durch die Länge der Zeiten die Identität der Totemmahlzeit mit dem Tieropfer, dem theanthropischen Menschenopfer mit der christlichen Eucharistie, erkennt in all diesen Feierlichkeiten die Nachwirkung eines Verbrechens, welches die Menschen so sehr bedrückte, und auf das sie doch so stolz sein mussten. Die christliche Kommunion ist aber im Grunde eine neuerliche Beseitigung des Vaters, eine Wiederholung der zu sühnenden Tat."

Diese Hypothese interpretiert den Mythos durch eine Begebenheit aus der Menschheitsgeschichte, die zwar ungeheuerlich ist, aber auch nicht völlig aus dem Rahmen der Bibel fallen würde. Man denke an Abraham, der Isaak opfern wollte. Warum sollte diese Episode so verschlüsselt werden? Dass der Mythenkomplex auch das Neue Testament betreffen soll, macht die Sache nicht wahrscheinlicher.

Möglich wäre, dass der Mythos eine längerfristige Entwicklung in der Menschheitsgeschichte, die nicht ganz verstanden wurde oder nur vage überliefert ist, verkürzt darstellen soll. Etwas Ähnliches liegt ja beim Schöpfungsmythos vor, wo unter anderem die Evolution im Zeitraffer wiedergegeben wird. Der Sündenfallmythos wird gelegentlich als verschlüsselte Beschreibung der neolithischen Revolution gedeutet. Das war der Übergang der Menschen von einem Dasein als Jäger und Sammler zum Betreiben von Ackerbau und Viehzucht. Passen würde dazu 1. Mose 3, 23:

„Da wies ihn Gott, der Herr, aus dem Garten Eden, dass er das Feld baute, davon er genommen ist."

Der Konsens mit Schopenhauer

Eine von der christlichen Lehre unabhängige Haltung vertritt Schopenhauer in der Frage der Erbsünde (Schopenhauer, 1859):

„Wenn auch die Schuld im Handeln, im *operari*, liegt; so liegt doch die Wurzel der Schuld in unserer *essentia et existentia*, da aus dieser das *operari* nothwendig hervorgeht [...]. Demnach ist eigentlich unsere einzige wahre Sünde die Erbsünde. Diese nun läßt der Christliche Mythos zwar erst, nachdem der Mensch schon dawar, entstehn, und dichtet ihm dazu, *per impossibile*, einen freien Willen an: dies thut er aber eben als Mythos. Der Innerste Kern und Geist des Christenthums ist mit dem des Brahmanismus und Buddhaismus der selbe: sämmtlich lehren sie eine schwere Verschuldung des Menschengeschlechts durch sein Daseyn selbst; nur daß das Christenthum hiebei nicht, wie jene altern Glaubenslehren, direkt und unumwunden verfährt, also nicht die Schuld geradezu durch das Daseyn selbst gesetzt seyn, sondern sie durch eine That des ersten Menschenpaares entstehn läßt."

Über die Fronten hinweg gibt es offenbar einen Konsens mit der modernen Kirche: Beide Positionen sehen die Erbsünde als von Geburt an dem Menschen mitgegeben an, als Verstrickung in seine Existenz, beide betonen die dadurch bewirkte Einschränkung der Selbstbestimmung des Menschen.

Dass das Hineingeworfensein in die jeweiligen Lebensumstände als etwas „Ererbtes" empfunden werden kann, ist zu verstehen. Aber warum soll man sich dabei schuldig fühlen? Schopenhauer sieht hier eine Urschuld des Menschen durch seine Existenz und bezieht sich auf den Brahmanismus und Buddhismus. In diesen Lehren wird zwar von einem Leid durch die Existenz des Menschen gesprochen, auch von einer Unvollkommenheit des Menschen, und von der Überwindung des Leides durch Weltverneinung, sogar von Schuld im Karma, nicht aber von Vergebung einer Schuld durch göttliche Gnade. Aus heutiger Sicht gibt es zwei Antworten auf die Frage nach dem Grund einer Schuldzuweisung. Die erste hat mit der Sozialisation zu tun, die zweite mit der Evolution.

Erbsünde und Sozialisation

Als Kind konnte ich nicht verstehen, dass man Schuld tragen soll, wenn man nichts Böses getan hat. Später fragte ich mich, ob ein Mensch, dessen Taten sich aus seinen Anlagen und seinen Lebensumständen entwickeln, ihm quasi aufgezwungen wurden, durch diese Taten schuldig werden kann und Konsequenzen daraus tragen muss. Die Antwort ist "Ja" in beiden Fällen, weil dieser Mensch in seiner Kontingenz es ist, der Mitglied der Gemeinschaft sein will, angenommen, geliebt werden will. Er hat sich nicht ausgesucht, so zu sein, wie er ist, aber er ist dieser Mensch. Nicht nur, dass er Persönlichkeitsmerkmale ererbt hat und Verhaltensweisen anerzogen bekommen hat, die er als nicht optimal erachtet, auch seine Zugehörigkeit zu seiner sozialen Umgebung kann eine ererbte Schuld mit sich bringen (wir Deutschen sind besonders davon betroffen). Wenn er als dieser Mensch existieren will, muss auch er selbst dieses Menschsein annehmen.

Es geht darum, sich dafür zu entschuldigen, dass man als der, der man ist, in dieser Welt existieren will. Mit anderen Worten: Man streut Asche auf sein Haupt und bittet unterwürfig um Aufnahme in die Weltgemeinschaft. Eine Art Sozialisation. Daher auch der Anspruch der christlichen Kirchen, durch die Taufe die Erbsünde abwaschen zu können und damit die Aufnahme in die Gemeinschaft der Gläubigen zu vollziehen. Der Mensch wird nun als der, der er ist, geliebt, von Gott und der Gemeinschaft. Dagegen ist nichts einzuwenden, höchstens, dass es unschön ist, denjenigen, die die Aufnahme ablehnen, mit ewiger Verdammnis zu drohen, eine Drohung, die dem Grundgedanken eines gütigen Gottes widerspricht. Es wird zwar argumentiert, dass Sachzwänge hier Gottes Güte einschränken würden, aber die Bibel ist voll von Beispielen, dass ein allmächtiger Gott sich über Sachzwänge hinwegsetzen kann. Einsichtig ist, dass eine Motivation geschaffen werden soll, der Gemeinschaft beizutreten. Zweifelhaft bleibt, ob das souverän ist, ob notwendig und angemessen.

Erbsünde und Evolution

Wenn man die Entstehung des Menschen aus der Evolution erklärt, trifft man auf Probleme mit der Erbsünde. Zunächst stellt sich die Frage, wer Adam und Eva gewesen sein sollen. Es soll zwar vor 70000 bis 80000 Jahren einen genetischen Flaschenhals bei der Menschheit gegeben haben. Dass die Menschheit dabei allerdings auf weniger als 1000 Individuen schrumpfte, ist unwahrscheinlich. Ganz und gar unglaubhaft ist, dass es dabei nur noch ein Paar gegeben haben sollte. Aber angenommen, es wäre so und man könnte diese beiden Urmenschen als Adam und Eva identifizieren, dann wäre das nächste Problem, dass sie den hebräischen Gott noch nicht gekannt hätten. Wie sollten sie dann sein Gebot brechen?

Man könnte dann vermuten, dass die Erbsünde symbolisch für ein Ereignis der Evolution steht. Kant (Kant, 1786), Kleist (Kleist, 1810), Nietzsche (Nietzsche, 1874) und viele andere deuten an, dass der Sündenfall als die Entstehung des menschlichen Bewusstseins interpretiert werden kann.

Das Problem bei dieser Interpretation des Sündenfalls: Man kann man diesen Entwicklungssprung der Evolution nicht als Sünde bezeichnen, weil der Mensch davor eben kein Bewusstsein hatte, also auch keine Schuldfähigkeit. Davon war schon die Rede. Außerdem ist fraglich, ob man dem Menschen die Schuld an der Evolution geben kann.

Alternativ kann man auch vom Ergebnis der Evolution aus-
gehen und beim Menschen einen Hang zum Bösen konstatie-
ren. Hoimar von Ditfurth tut das (Ditfurth, 1989):

"Wie soll ich eine Sünde (oder Schuld) anerkennen können,
die ich nicht begangen, sondern 'geerbt' habe, ohne gefragt
worden zu sein? Aber angesprochen wird mit dem alten Begriff
nichts anderes als jene unserer kardinalen Schwächen, auf die
auch die evolutionäre Betrachtung des heutigen Menschen uns
hat stoßen lassen: unsere prinzipielle, aus unserer 'Natur' ent-
springende Unfähigkeit, das, was wir als richtig erkannt haben,
auch zu tun."

Eine genauere Begründung findet sich bei Bresch (Bresch,
1977) S. 195:

„Keine der speziell menschlichen Eigenschaften entstand
über Nacht. Keine war allein für die schnelle Weiterentwicklung verantwortlich. Aber es ist schwer, die Hypothese
zu widerlegen, dass die Menschen selbst durch Kampf
untereinander – durch Ausrottung unterlegener Gruppen – das
wichtigste Werkzeug eigener Selektion waren, die eine rasche
Weiterentwicklung ihrer Gehirne bewirkte. [...] Ist aber eine
begrenzte Tötung von Artgenossen einmal etabliert, so wird sie
selber zu einem neuen Werkzeug der Selektion, weil stets die
kräftigeren, reaktionsschnelleren, intelligenteren Tiere über-
lebten. Die Überlegenheit anderen Arten gegenüber wird
dadurch noch verstärkt. Ursprünglich eine Degeneration wie
der Pigmentverlust von Höhlentieren, führt dann die Killer-
Eigenschaft zu weiterer Evolution. Auch der Mensch gehörte zu
den wenigen Arten der Auserwählten.“

Kampf und Agression wären demnach Triebfedern der menschlichen Evolution gewesen, die Ausbildung entsprechender Charaktereigenschaften die Folge.

Diese traurige Einschätzung ist schon von Kant (Kant, 1794) propagiert worde, allerdings natürlich ohne Bezug auf die Evolution:

„Der Satz: der Mensch ist böse, kann nach dem Obigen nichts anders sagen wollen als: er ist sich des moralischen Gesetzes bewußt und hat doch die (gelegenheitliche) Abweichung von demselben in seine Maxime aufgenommen."

Man kann sogar argumentieren, dass die „erbliche Schlechtheit" des Menschen erst nach dem Sündenfall durch die Evolution hervorgebracht wurde (Schwager, 2004) S.80:

„Wenn die Evolution nach der Sünde des Menschen – vor allem in Wachsen des Gehirns – weiterging, dann ist jene menschliche Natur, die unter Einwirkung Gottes durch eine ‚Fulguration' […] aus dem Tierreich entstanden ist, von jener zweiten Natur deutlich zu unterscheiden, wie wir sie heute kennen. Die erste kann als gut bezeichnet werden, während in die zweite […] Auswirkungen der Sünde eingegangen sind."

Das würde bedeuten, dass der Mythos von der Erbsünde Ausdruck der Schlechtigkeit des Menschen wäre, und dass diese Eigenschaft aus der Evolution resultierte.

Umgekehrt wird zuweilen argumentiert, die Fähigkeit zum Gut-Sein sei erst durch die evolutionäre Entwicklung des Bewusstseins entstanden. Die Erbschuld sei als ein Überbleibsel der niederen Instinkte aus vormenschlicher Zeit zu interpretieren. In diesem Bild taucht allerdings wiederum keine Erbsünde auf, man erbt nur die Reste tierischer Verhaltensformen der Vormenschen.

Aber es geht auch anders. Betrachten wir noch einmal die Evolution unter anderen Gesichtspunkten. Ausgangspunkt ist die Frage nach der Art der optimalen Problemlösung der frühen Menschen. Die Umweltbedingungen zur Zeit der Menschheitsentwicklung begünstigten gemäßigt explorative Lebewesen. Die ganz großen Katastrophen und Phasen des Massensterbens waren vorbei, andererseits waren die Zeiten auch nicht ganz ohne Herausforderungen. Es gab starke Klimaschwankungen wie die Eiszeiten, damit verbunden die Notwendigkeit, sich in Maßen flexibel den Umweltbedingungen anzupassen. Selektiert wurden Menschen, die sich diesen Herausforderungen stellten und entsprechende Verhaltensweisen entwickelten. Sie erreichten am ehesten bei einer gemäßigten Anstrengung den optimalen Zustand des „Flow" (Csikszentmihalyi, 1997).

Hieraus folgt nun meiner Meinung nach eine Erklärung unseres existenziellen Schuldgefühls. Die überlebenden Menschen waren in der Mehrzahl die, die sich selbst leicht überforderten. Das geschah dadurch, dass sie sich regelmäßig Ziele setzten, die sie nicht oder nur durch Anstrengung erreichen konnten. Dieser Zustand ging einher mit der Entwicklung eines Schuldbewusstseins: Die zwangsläufige Unzulänglichkeit beim Erreichen zu vieler und zu hoch gesteckter Ziele, wurde als „Schuld" empfunden. Die Schuldgefühle wiederum trieben zu noch größerer Anstrengung an, was zu größerer Leistungsfähigkeit führte und damit zu besseren Chancen bei der Selektion.

Man muss das unterscheiden von der Schuld, die das Brechen von Regeln mit sich brachte. Solche Vergehen, die gegenüber der Horde gerechtfertigt werden mussten, woraus sich später auch moralische Begriffe entwickelten, zeitigten eine konkrete Schuld, eine Schuld im Einzelnen. Demgegenüber war das Schuldgefühl, das beim Scheitern an den eigenen Zielen entstand, ein diffuses, ein existenzielles. Es betraf die ganze eigene Existenz. Man hatte das Gefühl, nicht gut genug zu sein, man genügte nicht den eigenen Ansprüchen.

Auf diese Weise hat die Evolution zur Entwicklung eines ganz charakteristischen existenziellen Schuldgefühls geführt. Dieses war tief in der Verhaltensweise verankert und latent dauernd vorhanden. Es entwickelte sich das der ganzen Menschheit gemeinsame Gefühl, schon dadurch Schuld zu tragen, dass man als Mensch existierte. In einer Übertreibung wurde der Mensch sogar als „böse" angesehen (s.o.). Dieses Schuldgefühl ist aber faktisch nicht gerechtfertigt, sondern bei der Evolution als Nebenprodukt der Leistungssteigerung entstanden. An anderer Stelle habe ich das so formuliert (Liegener, 2015), S.115:

"Wir haben uns Wertesysteme geschaffen, denen wir im Normalfall gar nicht genügen können, auch wenn wir danach streben. [...] Das Streben nach und das Versagen vor zu Großem begleitet uns unser Leben lang; es betrifft gleichermaßen materielle Ziele wie moralische Maßstäbe. Der Grund für dieses Ergebnis der Evolution: Der Mensch ist am leistungsfähigsten, wenn er leicht überfordert ist. Der Preis: unsere Schuldgefühle wegen unseres zwangsläufigen Versagens."

Der obige Gedankengang ist keine „Interpretation" mehr, sondern eine „Erklärung" dessen, was wir wahrscheinlich meinen, wenn wir von der Erbschuld reden. Diese Erklärung aus der Evolution stellt das Schuldbewusstsein als primär vorhanden hin; der Mythos von der Erbsünde folgt daraus. Auch die Selbstbezichtigung der Menschheit mit der Erbsünde würde sich aus einem übertriebenen Schuldbewusstsein erklären lassen.

Die umgekehrte Darstellung wäre denkbar. Man könnte argumentieren, dass nach Propagierung der Lehre von der Erbsünde im fünften Jahrhundert den Menschen des Abendlandes das Schuldbewusstsein nahegelegen hätte und, obwohl eigentlich durch Christi Opfertod getilgt, ins kollektive Unterbewusstsein eingedrungen wäre, gefördert von den mannigfachen Aufrufen zur Buße, der Verfolgung jeglicher Ketzerei, von der Spätantike bis zum Ende des Mittelalters und darüber hinaus. Die Inquisition hätte ein Übriges getan. So würde das uns so nahe liegende Schuldbewusstsein als typisch christlich identifiziert. Eine ähnliche Sichtweise hat Boyce im Hinblick auf eine „unverkennbare Unzufriedenheit" des modernen Menschen mit sich selbst vertreten (Boyce, 2014), die unserem existenziellen Schuldbewusstsein entfernt verwandt ist:

„Today the influence of original sin is most obvious in the distinctive discontent of modern people – the feelings of guilt and inadequacy associated not with *doing* wrong, but with *being* wrong. This angst is as evident in the anxieties of contemporary consumers as it was among ancient believers."

Ebenso möglich und am wahrscheinlichsten ist letztlich, dass beide Mechanismen, Evolution und Kirchenpolitik gleichermaßen und im Wechsel an der Ausprägung unseres Schuldbewusstseins beteiligt waren. Es wurde wohl zuerst die Disposition zum Schuldbewusstsein angelegt, dann folgte die Formulierung der dazugehörigen Lehre der Kirche, und daraus schließlich die archetypische Bewusstseinsprägung.

Die Erlösungslehre der christlichen Kirchen

Für den gläubigen Christen bringt vor allem Gottes Liebe die Erlösung. Gottes Liebe zur Menschheit hatte ihn dazu bewegt, seinen Sohn Jesus Christus zu opfern, um die Erbschuld zu tilgen. Nach dem alten Rechtsgrundsatz des ius talionis musste nach dem Sündenfall des perfekten Menschen Adam wiederum ein perfekter Mensch, Jesus, geopfert werden, um die Perfektion des Menschen wiederherzustellen. So der Glaube. Natürlich wundert man sich, dass Gott mit seiner Allmacht sich an solche Regeln halten musste. Aber die Geschichte klingt schlüssig und sollte eigentlich die Angelegenheit abschließen.

Trotzdem besteht die katholische Kirche auf dem Ritual der Taufe zur Tilgung der Erbschuld. Dafür gäbe es eigentlich keinen Grund, höchstens den, dass Menschen Rituale lieben. Tatsache ist außerdem, dass die Kirche auf diese Weise die Kontrolle darüber zu hat, wer in den Genuss der Erlösung kommt und wer nicht. Dabei ist Christus eigentlich für die „Vielen" gestorben (s.u., Zitat Matthäus 26, 28), er hat dabei nicht gesagt, dass es den Menschen zusteht, darüber zu entscheiden, wer erlöst wird und wer nicht.

Selbst wenn man sich dem Ritual der Taufe unterzieht, gibt es noch einen Haken: Die Folgen der Erbsünde werden nicht beseitigt. Auch nach der Taufe ist der Gläubige nicht frei vom Hang zu Sünde. Dafür gibt es das Sakrament der Beichte. Ebenso bleiben das Paradies und das ewige Leben vorerst verloren, können aber nach Gottes Endgericht wiedererlangt werden.

Pandora öffnete die Büchse und das Übel entwich in die Welt. Die Diffusion eines Gases aus einem geöffneten Gefäß ist ein schönes Bild für die Irreversibilität der Folgen des Sündenfalls. Einmal freigelassen, lassen sich die Übel dieser Welt nicht mehr einfangen. (Für Gott sollte das allerdings möglich sein, wenn er wollte.) Die Folgen der Erbsünde bleiben in der Welt. Der Mensch ist nicht mehr im Paradies.

Er hat seine Unschuld verloren, die Scham dafür bekommen, erkennt Vergangenheit und Zukunft, erkennt seine Sterblichkeit. Kierkegaard sieht in der Erbsünde sogar den Grund für die Angst des Menschen (Kierkegaard, 1844). Was auch immer die Folgen der Erbsünde sein mögen, die Kirche und die Evolutionstheorie sagen uns, dass wir sie nicht so schnell loswerden können.

Inwiefern werden wir dann erlöst, wenn all das bleibt? Geschenkt wurde uns die formale Vergebung der Erbschuld selbst, nicht mehr und nicht weniger. Eine Art Absolution. Nun weiß man, dass mit der Absolution die Sache nicht erledigt ist. Es muss noch die Buße folgen. Manche büßen ein Leben lang für eine Sünde. Und so ist es auch mit der Erbschuld, wir müssen trotz der Vergebung mit ihr leben, für sie büßen. Das bedeutet, dass wir nicht von unserem existenziellen Schuldbewusstsein befreit sind. Wenn sich dieses Schuldbewusstsein tatsächlich evolutionär entwickelt hat, werden wir es nämlich nicht so leicht los, es ist tief in uns verankert.

Was die Absolution beseitigt, ist die Strafe. Sie hätte uns im Jenseits erwartet. In dieser Hinsicht sind wir erlöst worden. Es eröffnet sich wieder die Möglichkeit des ewigen Lebens. Sollte jenes durch die Erbschuld gefährdet gewesen sein, das ist ja der gängige Glaube, ist die Gefahr durch das Opfer abgewendet.

Das theoretische Wissen, dass uns die Erbschuld vergeben ist, hilft andererseits schon im Diesseits. Die Gewissheit der Liebe Gottes hat einen gewaltigen psychischen Effekt. Sie kann dem ganzen Leben Sinn geben. Die frohe Botschaft wird uns von der Kirche übermittelt.

Leider, das ist paradox, erzeugt die Kirche auf der anderen Seite Schuldgefühle in den Menschen, knüpft die Erlösung an Bedingungen, Rituale, ruft zur Gewissenserforschung, Beichte, Buße auf, erinnert an das Strafgericht Gottes. Sicher spielt die Anteilnahme am Leiden Christi eine Rolle. Das darf nicht vergessen werden. Aber Christus ist wiederauferstanden. Es ist alles gut ausgegangen. Die Freude sollte überwiegen. Meist gibt es beides – Reue und Freude wechseln sich ab. Trotzdem: Allzu oft fühlt sich der Gläubige schuldig. Die Situation wird manchmal beklagt (Mertin, 1996):

„Das Christentum kann anders gewichten: die Aufforderung zur Buße in der Nachfolge Jesu geschah mehr im Hinblick auf das freudige Geschehen des Kommens des Reiches Gottes. Umkehr zu Gott also nicht wegen der drohenden Strafe, sondern weil Gott sich endlich zur Rettung der verlorenen Menschen aufgemacht hat und man ihm daher entgegengehen kann. Gleichwohl blieb in der Geschichte des christlichen Bußverständnisses das Strafmoment im Gericht Gottes vorhanden und jederzeit aktualisierbar, so dass das Besondere des ursprünglich Gemeinten nur zu oft unterging in der allgemein religiösen, der schwarzen Pädagogik verwandten Auffassung von Buße."

Wenn aber die Freude im Mittelpunkt des Glaubens steht, brauchen wir die Geschichte von der Erbsünde überhaupt noch? Wir wissen um unser existenzielles Schuldbewusstsein, wir wissen um unsere Sündhaftigkeit. Das erstere werden wir nicht ganz ablegen können, aber es bleibt ohne Folgen für das Jenseits, der Sündhaftigkeit auf der anderen Seite müssen wir versuchen zu widerstehen, dann wird uns vergeben.

Was, wenn es die Erbsünde nicht gab?

Einleuchtend wäre, dass ein allwissender Gott die ganze Entwicklung vorausgesehen, vielleicht gewollt hat, da sie auch ihr Gutes hat. Die Möglichkeit, Schuld auf sich zu laden, erlaubt dem Menschen, bewusst der Versuchung zur Schuld standzuhalten, sich bewusst für Gott zu entscheiden, das irdische Leben so gut wie möglich zu gestalten und damit zu etwas Kostbarem zu machen. Man kann im Zustand des Menschen nach der Erbsünde etwas Neues, Wunderbares sehen, etwas, was ihn erst ausmacht, der Schritt dahin wäre eine Errungenschaft. Schiller hat es so ausgedrückt (Schiller, 1879):

„Wenn wir also jene Stimme Gottes in Eden, die ihm den Baum der Erkenntnis verbot, in eine Stimme seines Instinkts verwandeln, der ihn von diesem Baum zurückzog, so ist sein vermeintlicher Ungehorsam gegen jenes göttliche Gebot nichts anders, als – ein Abfall von seinem Instinkt – also erste Äußerung seiner Selbsttätigkeit, erstes Wagestück seiner Vernunft, erster Anfang seines moralischen Daseins. Dieser Abfall des Menschen vom Instinkt, der das moralische Übel zwar in die Schöpfung brachte, aber nur um das moralische Gute darin möglich zu machen, ist ohne Widerspruch die glücklichste und größte Begebenheit in der Menschengeschichte; von diesem Augenblick her schreibt sich seine Freiheit, hier wurde zu seiner Moralität der erste entfernte Grundstein gelegt."

Man kann Gutes in der Erbsünde finden. Da wäre es doch denkbar, dass Gott sie geplant und für den Menschen vorgesehen hatte. Schließlich hat er den Baum der Erkenntnis gepflanzt. Dann wäre der Sündenfall nur formal Sünde gewesen, in Wirklichkeit aber Gottes Wille. Wir kennen Ähnliches aus Richard Wagners „Walküre".

Augustinus selbst hat es für möglich gehalten, dass Gott die Erbsünde zuließ, obwohl er sie hätte verhindern können (Augustinus, 421):

„Melius enim iudicavit de malis benefacere, quam mala nulla esse permittere."

„Denn er hielt es für besser, aus Bösem Gutes hervorzubringen, als kein Böses zur Existenz zuzulassen."

Das passt schon eher zu Gottes Allwissenheit und Allmacht: Es war alles so geplant.

Hinzu kommt das schon erwähnte Argument, dass Adam und Eva eigentlich nicht sündigen konnten, da sie Gut und Böse nicht kannten. Dann gäbe es die Erbsünde gar nicht. Dann hätte Jesu Opfertod nur unseren tatsächlichen, von uns selbst begangenen Sünden gegolten. An der Stelle möchte ich nochmals auf Jesu eigene Worte zurückkommen (Lukas 24, 45-47):

„Da öffnete er ihnen das Verständnis, damit sie die Schriften verstanden, und sprach zu ihnen: So steht es geschrieben, und

so musste der Christus leiden und am dritten Tag aus den Toten auferstehen, und in seinem Namen soll Buße und Vergebung der Sünden verkündigt werden unter allen Heidenvölkern."

Hier ist von „den Sünden" die Rede, nicht von „der Sünde"
oder von Adam und Eva. Nein, es wären die vielen, von uns
begangenen Sünden, für die Jesus gestorben ist. An anderer
Stelle (Matthäus 26, 28), in jeder Wandlung zitiert, heißt es:

„Denn dieses ist mein Blut, das des neuen Bundes, welches
für viele vergossen wird zur Vergebung der Sünden."

Auch hier wird von „den Sünden" gesprochen. Das legt
wieder nahe, dass es um die selbst begangenen Sünden geht.

So könnten es jedenfalls die ersten Christen verstanden haben. Sie hatten noch keine Dogmatiker und Exegeten, die ihnen
erklärten, wie Jesu Worte zu verstehen sind. Sie haben die Worte so genommen, wie sie sie gehört hatten. Die Nachricht von
der Vergebung der Sünden wird sie getröstet haben in ihrem
existenziellen Schuldbewusstsein, wie sie auch uns trösten
kann. Sie betrifft alle Sünden, die vergangenen und die zukünf-
tigen. Das ist kein Freibrief zu sündigen. Jede Sünde, die man
begeht, trägt bei zur Last Jesu am Kreuz. Das will man nicht, da
rührt sich das Gewissen. Es ist eine Positiv-Motivation, nicht zu
sündigen, vielleicht wirkungsvoller als die Negativ-Motivation
durch das Strafgericht Gottes.

Omnia vincit amor

Das in der Erbsünde mythologisierte existenzielle Schuldbewusstsein des Menschen hat einen Vorteil: Es ist uns allen
gemeinsam. Hier greift die Redensart vom geteilten Leid. Leid
oder, in diesem Fall, Schuld zu teilen, verbindet. Kann diese
Verbindung zur Keimzelle einer Liebe werden? Das ist möglich.
In der Poetix-Anthologie hatte ich die Liebe als Ausweg aus der
Erbschuld genannt (Liegener, 2015):

"Doch es gibt ein Gegengewicht zur Schuld: die Liebe. Sie
hat die Kraft, Schuld zu verzeihen. Mehr noch: Der Schuldhafte
wird mit seiner Schuld geliebt, vielleicht sogar aufgrund seiner
Schuld. [...] Das ist etwas sehr Menschliches, das umso bemer-
kenswerter ist, als es auf den ersten Blick paradox erscheint.
Wieso sollte man jemanden wegen seiner Schuld lieben? Weil
derjenige Liebe braucht. Der Mensch hat die wunderbare Fähigkeit, solch eine Liebesbedürftigkeit zu spüren und von ihr
angesprochen zu werden. Das liegt tief."

Jede Liebe hilft und es gibt Liebe in den verschiedensten
Formen, nicht nur zwischen Menschen, sondern zuallererst
zwischen Gott und den Menschen. Das größte Geschenk ist die
schon in der Erlösungslehre erwähnte Liebe Gottes, die wir
nicht verdient haben, derer wir uns aber durch seine Gnade
sicher sein dürfen. Sie gibt uns bereits das Recht (und die
Pflicht), auf der Welt zu sein. Nicht zu unterschätzen ist aber
auch die Liebe zwischen Menschen. Zunächst ist die christliche

Nächstenliebe zu nennen, die es dem Menschen erlaubt, in Gemeinschaften aufgenommen zu werden. Dann finden wir die partnerschaftliche Liebe, die jedem der beiden Partner das Gefühl gibt, so wie er ist, akzeptiert zu werden. Wir kennen die Liebe der Eltern zu ihren Kindern. Viele weitere Schattierungen der Liebe treten auf, alle mit ähnlichen Effekten auf das Schuldbewusstsein. Zu jeder dieser Formen der Liebe kann die entsprechende Gegenliebe erwachsen, und das ist das Entscheidende für die Überwindung der Schuld: Indem sich der Mensch in der Liebe von sich selbst weg- und dem anderen zuwendet, tritt er aus sich heraus und kann seine Schuld, seine Fehler mit der Großzügigkeit betrachten, die er einem anderen entgegenbringen würde. So fällt es ihm leichter, sich selbst zu verzeihen. Man kann so gewissermaßen das existenzielle Schuldbewusstsein austricksen.

Wird der Schuldige geliebt, kann er sich stellen und seine Schuld bekennen, die erste Voraussetzung für eine Absolution. Es folgt das Urteil, die Sühne. In Dostojewskis "Schuld und Sühne" ist die Sühne jedoch nicht der letzte Schritt nach dem Schuldigwerden. Die eigentliche Erlösung, bei ihm „воскресение" = „Auferstehung" genannt, Auferstehung vom todähnlichen Zustand der Schuld, wird erst durch die Liebe ermöglicht. Im Epilog heißt es:

„Они хотели было говорить, но не могли. Слезы стояли в их глазах. Они оба были бледны и худы; но в этих больных и бледных лицах уже сияла заря обновленного будущего, полного воскресения в новую жизнь. Их воскресила любовь, сердце одного заключало бесконечные источники жизни для сердца другого."

„Sie wollten sprechen, aber konnten nicht. Tränen standen in ihren Augen. Sie beide waren blass und mager; aber auf diesen kranken und blassen Gesichtern leuchtete schon das Morgenrot einer erneuerten Zukunft, einer gänzlichen Auferstehung zu einem neuen Leben. Die Liebe hatte sie auferstehen lassen, das Herz des einen enthielt unendliche Quellen des Lebens für das Herz des anderen."

Die Sühne kann die Schuld nicht tilgen, die Absolution kann vor Strafe schützen, bleiben wird das Gefühl, in Schuld zu stehen. Heilung bringt letztlich nur die Liebe.

Was ist zu tun?

Was folgt aus all dem? Was für den Gläubigen, was für den Nichtgläubigen? Viel hat sich in der Kirche verändert in der Lehre von Erbsünde und Erbschuld. Viel verweilt auch im Unbestimmten. Manches kann, wie Papst Benedikt XVI. andeutete, gar nicht ganz aufgeklärt werden. Die Kirche gibt Orientierungshilfen, das ist ihre Aufgabe, aber auch der Einzelne ist gefordert, sein Bestes zu tun, den richtigen Weg für sich zu finden. Der Einzelne genießt heute eine Freiheit im Glauben, die größer ist denn je. Man wird nicht mehr verbrannt, wenn man seine eigene Meinung hat. So mag denn, wer gläubig ist, seinen Weg finden und glauben, was er aus Überzeugung für richtig hält. Und so falsch können die ersten Christen nicht gelegen haben, die mit Jesus gesprochen, von ihm selbst gelehrt worden sind, die seine Ausstrahlung erleben durften.

Sie wussten nichts von einer Erbschuld. Sie kannte die Sünde, natürlich, und sie wussten, dass der Mensch ihr von Geburt an verfallen ist. Aber Jesus versprach ihnen Erlösung von ihren Sünden und ewiges Leben. Vor allem jedoch lebte er ihnen seine bedingungslose Liebe zu den Menschen vor. Diese Liebe gab ihnen den Mut, ihm zu folgen.

Es gibt eine grundlegende evolutionsbedingte Disposition des Menschen zu Schuldgefühlen. Dieses existenzielle Schuldbewusstsein erspürt und in den Mythos von der Erbschuld verpackt zu haben, ist das Verdienst der christlichen Kirche. Jesus hat den Menschen geholfen, mit diesem Schuldbewusstsein fertig zu werden, letztlich auch mit seinem Opfertod. Es gibt eigentlich keinen Grund, dieses existenzielle Schuldbewusstsein, die Erbschuld, mit einer künstlichen Daseinsberechtigung zu versehen. Ob berechtigt oder nicht, das Gefühl ist da. Eigentlich gibt es in der Hinsicht keinen Widerspruch zur Kirche, höchstens in der Frage, wie mit der Erbschuld umgegangen werden soll.

Nimmt man als Ausgangspunkt der Erbschuld die Erbsünde an, wäre ein schuldbewusster Umgang angemessen. Sieht man aber unser existenzielles Schuldbewusstsein als Ergebnis der Evolution, so wäre eine Kontrolle, womöglich eine Zurückdrängung des Schuldbewusstseins das Ziel. Wir erinnern uns, dass Papst Benedikt XVI. bei der Erbschuld an das Ergebnis einer missbrauchten Freiheit denkt. Dem mag ich nicht widersprechen. Die Erbschuld, um jetzt diesen Ausdruck zu verwenden, würde sich bei evolutionärer Betrachtung parallel zu unserem menschlichen Bewusstsein entwickelt haben, womöglich sogar in Wechselwirkung damit. Sie hat dadurch mit einer Ambivalenz der erreichten Freiheit des Geistes zu tun, das Gute und das Böse wird möglich. Aber ohne diese Ambivalenz gibt es die Freiheit nicht und Gott, der wohl die Evolution gesteuert hat, wollte, dass wir die Freiheit haben. Damit wird klar: Die Interpretation, dass der Mensch von Natur aus böse sei, ist übertrieben. Eher kann man vermuten, dass der Mensch so ist, wie Gott wollte, dass er ist. Wer kann sich anmaßen, seinen Plan zu durchschauen?

Es läuft darauf hinaus, dass das „Sündige" ein Nebenprodukt der von Gott geschenkten Freiheit des Geistes ist. Es gehört dazu, Gott hat es in Kauf genommen, das war schon oben mit einem Zitat des heiligen Augustinus unterlegt worden. Er als der Allmächtige trägt die letzte Verantwortung für diese Welt. Er hat uns die Fähigkeit zum Umgang mit der Sünde zugetraut. Dieser Aufgabe müssen wir uns stellen ohne zu jammern. Es gibt nichts zu jammern. Es gibt keine Erbsünde. Die Erbschuld, ja, die haben wir auferlegt bekommen, sie ist der Preis für das, was wir sind, aber eine Sünde gab es dabei nicht.

Hier könnte ein Widerspruch zur kirchlichen Haltung vorliegen, muss aber nicht. Es besteht keine Notwendigkeit, sich den grundsätzlich möglichen Missbrauch der Freiheit vorzuwerfen. Wenn sie missbraucht wird, ist das im Einzelfall Sünde, aber dann Folge des erworbenen Bewusstseins, nicht dessen Ursache. Wer Gut und Böse noch nicht kennt, kann nicht sündigen (schon wiederholt erwähnt). Die Entwicklung von Bewusstsein und Fähigkeit zur Sünde ging Hand in Hand, eine punktuelle Abfolge von Erbsünde und Erbschuld kann es nicht gegeben haben. Indes kumulieren sich all die einzelnen Sünden zu einer kritischen Masse, die man in ihrer Gesamtheit als zu schwer empfinden könnte. Sollte man diese Gesamtheit der Sünden als die „Erbsünde" ansehen? Sie hat sich gleichzeitig mit unseren ererbten Eigenschaften entwickelt, nicht vorher, aber immerhin, sie geht unserem heutigen Sein voran. Man müsste allerdings den in der Lehre von der Erbsünde gemachten Unterschied zwischen Erbsünde und ihren Folgen, zu denen die Sündhaftigkeit gehörte, aufgeben. Aber die Zweifel an der zeitlichen Abfolge der Ereignisse der alten Legende sind inzwischen überdeutlich geworden. Was kam zuerst: die Erbsünde oder die Fähigkeit zur Sünde? Die zeitliche Abfolge bei der Erbsünde hat schon manche zur Verzweiflung gebracht. Häring schreibt dazu (Häring, 2004):

„ […] the categories of beginning and sequel, of cause and effect, fail when the origin of evil is to be discussed."

Immer aufs Neue müssen wir darum ringen, die Freiheit richtig zu nutzen, uns ihrer würdig zu erweisen. Den richtigen Umgang mit dieser Situation kann niemand zwingend vorschreiben, aber mein Gefühl sagt mir, dass nicht Selbstgeißelung die Devise sein sollte, sondern freudiger Aufbruch in das Wagnis.

Das alles ändert nichts an der Erlösung durch Jesu Opfertod. Dadurch wurden „die Sünden" der Welt getilgt, wie Jesus uns sagt. Wenn man die Gesamtheit der Sünden als die Erbsünde identifizieren würde, könnte man sagen, dass Jesu Opfertod die Erbsünde getilgt hat. Das macht uns Mut, das gibt uns Hoffnung auf das ewige Leben. Diese Sündentilgung bleibt nicht ohne Auswirkung auf unser existenzielles Schuldbewusstsein. Wir dürfen uns, was die Endabrechnung betrifft, frei von Sünden fühlen. Wir können es kaum glauben, aber da Jesus selbst es gesagt hat, dürfen wir es glauben und, wenn wir es glauben, lockert diese Sündentilgung auch die Last jener „Erbschuld", das ist psychologisch einsichtig.

Wer nun überhaupt nicht gläubig ist, aber trotzdem unter dem allgemeinmenschlichen Phänomen des existenziellen Schuldbewusstseins leidet, auch dem kann geholfen werden – das Rezept war schon erwähnt worden: Es ist die Liebe in all ihren Formen. Wenn man sie nicht in Befolgung der christlichen Lehre leben will, dann eben, weil sie einem bei der Überwindung des existenziellen Schuldbewusstseins hilft.

Literaturverzeichnis

Augustinus. (388). *De Moribus Ecclesiae et de Moribus Manichaeorum, liber 1 , 22.40.*

Augustinus. (421). *Enchiridion ad Laurentium de fide, spe et caritate, X,34.*

Baumann, U. (1970). *Erbsünde? Ihr traditionelles Verständnis in der Krise heutiger Theologie.*

Benedikt XVI. (2008). Adam und Christus: Von der Erbsünde zur Freiheit. In *Generalaudienz vom 3.Dezember 2008.*

Boyce, J. (2014). *Born Bad: Original Sin and the Making of the Western World.*

Bresch, C. (1977). *Zwischenstufe Leben: Evolution ohne Ziel?*

Csikszentmihalyi, M. (1997). Flow and Evolution. *The North American Montessori Teachers' Association Journal 22:2,* S. 36.

Ditfurth, H. v. (1989). *Innenansichten eines Artgenossen: Meine Bilanz.*

Eliade, M. (1961). *Images and Symbols: Studies in Religious Symbolism.*

Freud, S. (1912). *Totem und Tabu.*

Gladigow, B. (2003). Gewalt in Gründungsmythen. In N. Buschmann, D. Langwiesche (Hrsg.), *Der Krieg in den Gründungsmythen europäischer Nationen und der USA* (S. 23-38).

Häring, H. (2004). Disaster for the World and Human Disaster? An Experience common to the Religions. In C. Boureux,

C. Theobald (Eds.), *Original Sin. A Code of Fallability. Concilium 1* (S. 57-76).

Heidegger, M. (1927). *Sein und Zeit.*

Husarov, D. (2003). *Die Erbsündenlehre: Grundlage und Entstehungsgeschichte.*

Kant, I. (1786). *Muthmaßlicher Anfang der Menschheitsgeschichte.*

Kant, I. (1794). *Die Religion innerhalb der Grenzen der bloßen Vernunft.*

Kierkegaard, S. (1844). *Der Begriff Angst (unter Pseudonym Vigilius Haufniensis veröffentlicht).*

Kleist, H. v. (1810). *Über das Marionettentheater.*

Krämer, H.-J. (1965). Die Sage von Romulus und Remus. In S. F. H. Flashar und K. Gaiser (Hrsg.), Synusia, Festgabe für Wolfgang Schadewaldt, S.355-402.

Kraus, G. (2001). *Die Sünde in der Evolution – Überholter Begriff "Erbsünde":Versuch zu einem neuen Verständnis. Christ in der Gegenwart 9.*

Kwon, H. Z. (2006). *Der Sündenfallmythos bei Franz Kafka.*

Liegener, C.-M. (2015). *poetix_packt_aus: Gedanken, Gedichte, Geflechte.*

Mertin, J. (1996). Kirchengeschichtliche Aspekte zum Thema Buße. *Musik und Kirche 66(5)266. (Überarbeitet: http://www.theomag.de/59/jm7.htm).*

Müller, H.-P. (1984). Was ist mythisches Erzählen? Der altbabylonische Mythos von Adapa und die biblische Geschichte vom Sündenfall. In W. Siegmund (Hrsg.), *Antiker Mythos in unseren Märchen.*

Nietzsche, F. (1874). *Vom Nutzen und Nachteil der Historie für das Leben.*

Paric, D. (2012). Anti-römischer Affekt: Carl Schmitts Interpretation der Erbsündenlehre und ihre wissenschaftsstrategische Funktion.

Quitterer, J. (2009). (Erb)sünde aus der Sichtweise von Hirnforschung und Neurophilosophie. In H. Hoping, M. Schulz (Hrsg.), *Unheilvolles Erbe? Zur Theologie der Erbsünde. Quaestio disputata 231.* (S. 100-119).

Ratzinger, J. (1968). *Einführung in das Christentum.*

Ringleben, J. (1976). *Hegels Theorie der Sünde: die subjektivitäts-logische Konstruktion eines theologischen Begriffs.*

Sandler, W. (2011). Augustinus – Lehrer der Gnade oder Logiker des Schreckens? Ein nötiger Schritt in der Rezeption von "An Simplicianus" aus der Perspektive der dramatischen Theologie. In N. Wandinger, P. Steinmair-Pösl (Hrsg.), *Im Drama des Lebens Gott begegnen: Einblicke in die Theologie Józef Niewiadomskis* (S. 277).

Scharbert, J. (1968). *Prolegomena eines Alttestamentlers zur Erbsündenlehre. Quaestio Disputata 37.*

Schiller, F. (1879). *Etwas über die erste Menschengesellschaft nach dem Leitfaden der mosaischen Urkunde.*

Schmitz-Moormann, K. (1969). *Die Erbsünde.*

Schopenhauer, A. (1859). *Die Welt als Wille und Vorstellung.*

Schwager, R. (2004). *Erbsünde und Heilsdrama: Im Kontext von Evolution, Gentechnologie und Apokalyptik, 2. Aufl.*

Studer, B. (1993). *Gratia Christi – Gratia Dei bei Augustinus von Hippo, Christozentrismus oder Theozentrismus (Studia ephemeridis augustinianum)* .

Weger, K. (1970). *Theologie der Erbsünde.*

Willmes, B. (2008). *Artikel "Sündenfall", in: Das Wissenschaftliche Bibellexikon im Internet (www.wibilex.de).*

Zeitfracht Medien GmbH
Ferdinand-Jühlke-Straße 7
99095 Erfurt, Deutschland
produktsicherheit@kolibri360.de